BRAD POWER

DAESH
Esclaves du Sexe de l'Etat Islamique

"I HAVE BEEN RAPED THIRTY TIMES & IT'S NOT EVEN LUNCHTIME. I CAN'T GO TO THE TOILET. PLEASE BOMB US!"

-YEZIDI WOMAN

...who contacted Iraqi fighters to ask for their help.

TOP SECRET

Exclusif:
Comment Daesh organise le marché du esclavage sexuel...

En mémoire de Kayla Mueller
Violée
par Daesh "Caliphe" Abu Bakr Al Bagdadi

Une Analyse Extraordinaire du *Best Sellers* ecrivain Brad Power

Table des Matières

Esclavage Sexuel

Le groupe qui se nomme État islamique (IS) a effectué le nettoyage ethnique sur une échelle historique dans le nord de l'Irak. IS a systématiquement ciblé les communautés musulmanes non arabes et non-sunnites, tuant ou enlevant des centaines, voire des milliers, et forçant plus de 830.000 autres à fuir les zones qu'il a capturé depuis le 10 Juin 2014.

Les minorités ethniques et religieuses - chrétiens assyriens, Turkmènes chiites, chiites Shabak, Yézidis, Kakai et Sabean - Mandéens ont vécu ensemble dans la province de Ninive depuis des siècles.

Des centaines, voire des milliers, de Yézidis, la plupart des femmes et des enfants de la région de Sinjar, ont été enlevés alors qu'ils fuyaient IS au début d'Août 2014. Au moment de l'écriture, ils continuent à être détenu par l'IS et avec quelques exceptions près, on sait peu de leur sort ou le lieu.

Certains de ceux qui ont réussi à prendre contact avec leurs familles ont dit qu'ils subissent des pressions pour se convertir à l'islam et certains ont signalé que certaines des femmes et des enfants - filles et garçons - de leurs familles ont été emmenées dans des lieux inconnus par leurs ravisseurs. Certaines familles disent leurs proches ont également dit il y a eu des cas de viol et d'abus sexuels des femmes et des enfants détenus.

De centaines d'hommes yézidis de la région de Sinjar, qui ont mis en place la résistance armée dans le but de repousser l'avance ont été capturés et abattus de sang-froid apparemment en représailles et pour dissuader les autres de le faire. Il est de ces villes et villages que la plupart des femmes et des enfants ont été enlevés.

De nombreux hommes yézidis qui ont été capturés le 3 Août 2014 ont été convertis à l'islam dans une vidéo diffusée sur les médias sociaux environ le 20 Août 2014, dans laquelle un commandant dit que ceux qui ne veulent pas se convertir peuvent mourir de faim et de soif "sur la montagne" (une référence à Mont Sinjar, où les combattants yézidis et certains civils ont trouvé refuge depuis le 3 Août, entouré par des combattants EI). Il y a peu de doute que ceux montrés dans la vidéo ont été converti pour sauver leur vie et dans l'espoir d'être libéré. Cependant, même ceux qui sont converti n'ont - jusqu'à présent - pas été autorisé à quitter.

Bien que l'écrasante majorité de la population de ces communautés minoritaires a réussi à fuir avant que les combattants atteint leurs villes et villages, ils ont dû quitter leurs maisons et tout ce qu'ils possédaient derrière et même le peu qu'ils pouvaient transporter - en particulier argent et des bijoux - a souvent été pris d'eux par des combattants EI sur les périmètres des zones qu'ils contrôlent.

Leurs maisons ont depuis été affectées ou pillés par les combattants du EI et leurs partisans parmi la population sunnite locale. Alors que l'IS a principalement ciblé les communautés minoritaires, de nombreux musulmans sunnites arabes connus ou soupçonnés d'opposer à l'EI ou d'avoir travaillé avec les forces gouvernementales et de sécurité ou précédemment avec l'armée américaine (présente en Irak jusqu'en 2011), ont également été forcées à fuir pour éviter d'être tués, et leurs maisons ont été affectées ou détruites.

Depuis le 10 Juin 2014, plus de 830.000 personnes ont été forcées de quitter leurs maisons dans certaines parties du nord de l'Irak, entraînant une crise humanitaire qui a incité l'ONU à déclarer son plus haut niveau d'urgence le 14 Août. La plupart des déplacés ont trouvé refuge dans la région semi-autonome du Kurdistan irakien, sous le contrôle du gouvernement régional du Kurdistan (KRG), avec un petit nombre abritant à travers les frontières de la Syrie et la Turquie.

Les conditions humanitaires pour l'écrasante majorité des centaines de milliers de déplacés sont désastreuses - manque abri, beaucoup dorment dans les sites de construction, les campements de fortune et les parcs sans assainissement, d'autres dans les écoles, les salles et d'autres bâtiments publics. Fonctionnaires de l'ARK ont admis qu'ils sont dépassés et incapables de faire face, alors que la réponse de la communauté internationale a été lente et inadéquate, bien que la récente désignation de la crise que son plus haut niveau d'urgence de l'ONU devrait se traduire par une action prompte de l'ONGs.

Le déplacement forcé de minorités ethniques et religieuses de l'Irak, y compris certaines des plus vieilles communautés de la région, est une tragédie aux proportions historiques. Les enquêtes d'Amnesty International sur le terrain ont conclu que l'EI est systématiquement et délibérément en œuvre d'un programme de nettoyage ethnique dans les zones sous son contrôle. Ceci non seulement détruit des vies, mais aussi cause des dommages irréparables au tissu de la société de l'Irak, et aliment les tensions interethniques.

Des communautés entières dans le nord de l'Irak ont été abandonnés à leur sort sans protection contre les attaques de l'EI quand les forces armées irakiennes chiites ont fui la région en Juin. L'ampleur et la gravité des abus et de l'urgence de la situation exigent une rapide réponse robuste - non seulement à fournir une assistance humanitaire aux personnes déplacées et autres personnes touchées par le conflit, mais aussi pour assurer la protection des communautés vulnérables qui risquent d'être rayé de la carte de l'Irak. Les États ont l'obligation de fournir une protection égale à toutes les communautés au sein de leurs frontières.

Les gouvernements centraux irakiens successifs ont échoué à le faire. En outre, ils ont contribué à l'aggravation de la situation au cours des derniers mois en tolérant, en encourageant et en armant des milices sectaires, en particulier les milices chiites dans et autour de la capitale, Bagdad, et dans d'autres parties du pays.

En réponse à la crise actuelle, le gouvernement central irakien et l'ARK (dont les forces armées contrôlent désormais certaines des zones abandonnées par l'armée irakienne) doit hiérarchiser les mesures pour assurer la protection de la population civile indépendamment de la religion ou l'origine ethnique.

Elias Salah, une infirmière de 59 ans, a déclaré: "*Les militants d'EI ont d'abord parlé à notre Cheikh [chef de file de la communauté] et dit que si nous avons remis nos armes, nous ne serions pas être lésés. Donc, nous leur avons donné nos armes mais toujours craignions qu'ils aillent nous tuer. Certains d'entre eux ont demandé que nous convertir à l'Islam, que nous avons refusé de le faire, et ont menacé de nous tuer si nous ne l'avons pas.*

Puis, plus tard on nous a dit que, suite aux interventions de chefs de tribus sunnites de Mossoul, nous serions épargnés. Mais nous étions en état de siège et pas autorisés à quitter .... À 11-11.30am [le vendredi 15 Août] est militants appelés tous les résidents à l'école secondaire, qui a été leur siège depuis qu'ils sont arrivés au village il y a deux semaines. Là, ils ont demandé que nous remettons notre argent et nos téléphones mobiles, et que la main sur les femmes leurs bijoux.

"Après environ 15 minutes ils ont apporté des véhicules et ont commencé à les remplir avec des hommes et des garçons. Ils ont poussé environ 20 d'entre nous à l'arrière d'un véhicule pick-up Kia et nous ont conduits à environ un kilomètre à l'est du village. Ils nous ont descendus du véhicule de la piscine et nous ont fait s'accroupir sur le sol et l'un d'eux nous a photographiés mais ils ont ouvert le feu sur nous par derrière. Je fus frappé au genou gauche, je me suis laissé tomber en avant, comme si j'étais mort, et je suis resté là sans bouger face vers le bas. Lorsque les tirs ont cessé, je gardais toujours et après ils sont partis, je me suis enfui. Cinq ou six autres étaient également en vie et ils ont également couru de la place. Le reste ont été tués. Je sais que deux d'entre eux, ils étaient juste à côté de moi: Khider Matto Qasem et Ravo Mokri Salah*

"Je ne sais pas qui étaient les autres; J'avais trop peur de regarder autour, je ne pouvais pas se concentrer. Je ne sais pas ce qui est arrivé à ma famille, ma femme, mes sept enfants (mes deux filles et mes cinq fils, le plus jeune est seulement 14), la femme de mon fils et leurs deux enfants; Je ne sais pas si elles sont mortes ou vivantes ou là où ils sont.*

«Je seulement maintenant appris de l'un des survivants d'un autre groupe que mon frère Amin et son fils de 10 ans Asem ont été tués tous les deux, Dieu les bénisse. Je ne peux pas communiquer avec quelqu'un comme ils ont pris nos téléphones portables et donc j'ai perdu tous les numéros. Après les tueries je courus à Mont Sinjar. Il y avait d'autres survivants qui ont également enfuis. Je ai vu cinq autres; l'un d'eux, Rafid Saïd, a été grièvement blessé. Je l'ai trouvé plus tard, sur le Mont Sinjar; la seule voie de sortie. "

Khider Hasan, un étudiant de 17 ans, qui a échappé à ce qui ressemblait à des blessures par balles superficielles à son dos, a dit qu'il a également fait partie du premier groupe d'hommes et de garçons.

"Il n'y avait pas d'ordre, ils [les militants EI] juste remplis véhicules sans discernement. Mon cousin Ghaleb Elias et moi avons été poussés dans le même véhicule. Nous étions à côté de l'autre comme ils nous ont alignés face vers le bas sur le terrain. Il a été tué. Il avait le même âge que moi, et a travaillé comme un ouvrier, surtout dans la construction. Je suis sans nouvelles de ce qui est arrivé à mes parents et mes quatre frères et six sœurs. Ont-ils les tuent? Ont-ils les enlèvent? Je ne sais pas quoi que ce soit à leur sujet.

Un autre survivant, Khaled Mrad, un propriétaire de magasin de 32 ans et père de trois enfants, a dit: «Les militants, qui ont contrôlé le village depuis le 3 Août, avait promis à plusieurs reprises que nous serions autorisés à quitter. Je pensais que cela était le jour que je suivais beaucoup de gens du village ... Quand nous sommes arrivés à l'école, les femmes et les enfants ont été envoyés à l'étage supérieur et nous, les hommes ont été maintenus sur le rez de chaussée. Les militants nous ont dit de remettre notre argent, nos téléphones et de l'or.

«Je pensais toujours qu'ils allaient nous emmener à la montagne comme cela avait été promis. Environ quatre véhicules gauche, deux à la fois. Ensuite, on m'a mis dans un véhicule avec environ 20 autres hommes. Nous nous sommes arrêtés près de la dernière maison sur le bord du village et ils nous ont descendus du véhicule, je savais qu'ils allaient nous tuer, comme ce ne fut pas le chemin de la montagne. Nous étions sur le bord d'une colline et que je regardais vers le bas.

"Ils nous ont dit d'attendre en ligne et l'un des hommes de notre groupe, le fils du Cheikh, leur a dit 'ce ne sont pas ce qui a été convenu; vous alliez pour nous emmener à la montagne ». Ils lui ont tiré dessus à plusieurs reprises. Nous nous sommes jetés au sol et ils ont tiré sur nous pendant plusieurs minutes puis ils sont partis. On m'a tiré à trois reprises, deux fois dans le bras gauche et une fois dans la hanche gauche. Après leur départ, un autre homme, Nadir Ibrahim et je me suis levé. Tous les autres étaient morts ou mourants.

«Nadir et moi avons marché pendant environ trois kilomètres, et puis je entendu une voiture venir et je me suis caché dans la paille à proximité, mais Nadir était derrière moi et n'a pas réussi à cacher à l'heure et a été abattu. Je suis resté caché dans la paille pendant plusieurs heures, jusqu'à ce que le soir, et puis je continuai à marcher en direction de la montagne. "

Plus tard cette nuit, sur le chemin de la montagne, Khaled a rencontré avec son jeune frère, Saïd, et un autre homme, Ali Abbas Ismail, qui avait fait partie d'un autre camion et avait également survécu. Saïd, 23 ans, a été abattu de cinq fois, trois fois dans son genou gauche, une fois à la hanche gauche et une fois à l'épaule gauche.

À l'hôpital où les frères ont été traitées pour leurs blessures, Said a montré une balle que les médecins avaient juste retiré de son genou. Khaled et Saïd sont chanceux d'avoir survécu, mais ils sont maintenant en deuil de leurs sept frères qui sont soupçonnés d'avoir été tués dans le massacre. Elias, Jallu, Pessi, Masa'ud, Hajji, Kheiri, et Nawaf, âgé entre 41 et 22, ont également été à l'école et n'a pas été entendu depuis.

Daech, a publié à destination de ses combattants, un protocole indiquant comment ils doivent traiter les prisonniers. Ce texte contient 27 questions et réponses, dont 20 destinées au sexe avec des esclaves et aux peines à infliger. Le document, rédigé par le "Département des prisonniers et des affaires de la femme", dirigé par un certain Abu Suja, est intitulé *"Questions et réponses sur l'emprisonnement et les esclaves"*.

Cette sorte de "Guide de l'esclavage sexuel pour les nuls" définit le sort *"des femmes de villages en guerre capturées par des combattants musulmans"*. *"Ce qui rend légitime de faire des prisonnières, c'est leur manque de foi. Les femmes non croyantes peuvent être faites prisonnières, après que l'imam les aient réparties entre nous"*, explique Daech. Cette prose circule à présent sur les réseaux sociaux de l'organisation.

Le document explique également les "règles politiques" à suivre pour se procurer une esclave. Elles sont définies par une choura ("concertation", "conseil"), qui est le parlement d'un Etat islamique, le conseil d'administration d'un parti ou d'une institution religieuse. Dans le cadre religieux musulman, c'est un concile de juges musulmans. Pour Daech, ces règles, sont supposément basées sur le Coran.

Pour Daech, ces femmes peuvent être emprisonnées et violées sur une base quotidienne, par des militants qui les achètent comme esclaves. Autre détail: "les polythéistes, chrétiennes et juives sont autorisées à devenir esclaves". Le document affirme que le viol d'une femme captive est parfaitement acceptable, même pour les hommes mariés, et cite un passage du Coran à l'appui: "Allah récompense les musulmans qui sont chastes avec leurs femmes et ce qu'ils possèdent". Le guide de Daech affirme que "ce qu'ils possèdent" est une référence aux femmes capturées et mises en esclavage.

Un des passages du texte explique que *"les filles vierges peuvent être violées immédiatement après avoir été achetées par leur propriétaire. Celles qui ont déjà eu des rapports sexuels doivent avoir leur utérus 'purifié' en premier"*. Une autre ligne précise également qu'*"il est légal d'avoir des relations sexuelles avec une enfant prépubère"*, sans pour autant expliquer les raisons qui le justifient.

On estime à près de 5000 le nombre de femmes et d'enfants enlevés et détenus comme esclaves sexuels dans les régions de Syrie et d'Irak contrôlées par Daech. La grande majorité des captifs sont membres de la religion yézidie et ont été enlevés pendant le massacre du mont Sindjar au début du mois d'août. Daech a, cet automne, justifié dans son magazine en ligne Dabiq (texte effacé depuis) la mise en esclavage des yézidies. Les hommes et les garçons yézidis, eux, ont pour obligation de se convertir à l'islam, sans quoi ils sont tués.

Les femmes de Daesh

Entre niqab et interdiction de travailler, signe d'une application rigoriste de la charia, on pensait les femmes de Daesh loin des questions logistiques et militaires. Or, il semblerait que leur implication dans l'organisation de l'État islamique soit bien plus active.

En mai dernier, un raid américain avait eu raison d'Abou Sayyaf, le ministre du pétrole de l'EI. Les États-Unis en ont profité pour capturer son épouse, Umm Sayyaf. La veuve détenait une position stratégique au sein de l'organisation.

"Umm Sayyaf n'avait pas formellement de position au sein de la hiérarchie de l'organisation mais ses responsabilités officieuses étaient nombreuses. Le réseau qu'elle animait au sein du groupe était chargé de recruter des femmes, d'accumuler des renseignements et d'organiser l'esclavage sexuel dans le califat."

Des médias arabophones évoquent même la présence de femmes au front, voire à des postes de commandement. Ces quelques exemples ne reflètent absolument pas la réalité. *"Il y a des femmes qui veulent combattre, mais la hiérarchie le refuse"*, insiste-t-il. *"Leur rôle pour le moment est d'élever leurs enfants dans l'idéologie jihadiste"*.

Leur fonction majeure reste celle de mère de foyer, de se concentrer sur l'éducation des enfants et prendre soin de leur mari combattant. S'il n'y a aucune chance de voir une femme armée d'un fusil sur la ligne de front, il est en revanche possible que certaines occupent des postes dans les hôpitaux ou les écoles. Puisque selon la loi islamique un homme n'a pas le droit de soigner une femme, il doit certainement y avoir des femmes médecins.

Reines des RH

Cela n'empêche pas les femmes de participer, de leur domicile, à la croissance de l'entreprise. Celles-ci seraient visiblement adeptes de télétravail.

"Les femmes sont très actives sur le recrutement via internet. C'est quelque chose qui n'est pas forcément très organisé, chacune le fait à sa façon. Elles ont un rôle d'incitation de femme à femme". Depuis leur ordinateur, elles sont de formidables chasseuses de têtes pour le compte de l'EI. Sur les réseaux sociaux, elles racontent leur quotidien et encouragent leurs "sœurs" à les rejoindre.

En 2013, une Écossaise de 19 ans, Aqsa Mahmood, quitte soudainement Glasgow pour rejoindre le territoire de l'EI. Depuis, la jeune femme s'est ouvert des comptes sur plusieurs réseaux sociaux, notamment un tumblr intitulé "Umm layth". Elle y décrit son quotidien, un univers où "tout n'est pas parfait", contrairement à ce qu'elle avait imaginé, mais toujours mieux que le monde des "Kuffr" (mécréants). Des récits de vie dont l'unique but est de séduire des potentielles recrues.

Elle serait peut-être à l'origine du recrutement de trois jeunes Londoniennes de 15 ans, ayant récemment rejoint la Syrie. Aqsa Mahmood a envoyé un message à ses parents pour leur assurer qu'elle n'y était pour rien dans cette affaire. Pourtant, un message privé envoyé par l'une des nouvelles recrues sur le compte Twitter de l'Écossaise, peu avant son départ, laisse présumer son implication.

Le recrutement des jeunes filles se fait souvent via un mariage avec un soldat de Daesh. Engagées devant Dieu, elles quittent leur famille et leur pays pour retrouver leur "âme sœur". Mais les hommes ne sont pas les seuls à choisir leur future maîtresse de foyer. Si les femmes sont autant présentes dans le recrutement sur les réseaux sociaux, c'est aussi parce que "certaines cherchent des co-épouses pour leur mari". La polygamie étant perçue comme un prescription religieuse, les épouses anticipent la venue de nouvelles femmes dans leur foyer, et s'impliquent dans la sélection.

Le recrutement ne se fait pas forcément à distance. Certaines chasseuses de têtes repèrent les profils potentiels directement depuis leur pays d'origine.

Des règles

Le guide de Daech dépeint les femmes comme une marchandise susceptible de commerce entre hommes, mais il fixe des règles strictes sur la propriété de la prisonnière. *"Vous pouvez acheter et vendre ou donner les épouses captives à* qui l'aurait mérité", dit-il. Seulement cela impose deux contraintes: "*Vous ne pouvez pas séparer une mère d'une fille, à moins qu'elle ne soit déjà mûre*" et "*vous ne pouvez pas vendre une femme enceinte de son maître*". Daech a prévu la copropriété. L'organisation terroriste permet qu'une femme soit "propriété" de plusieurs hommes qui se mettront d'accord quant à "son utilisation" et qu'un homme ait plusieurs prisonnières.

Mais affirme Daech, une prisonnière "*ne pourra pas avoir de relations sexuelles avec plusieurs à la fois*". Daech se pare de "principes moraux": s'il est possible de battre les prisonnières comme mesure disciplinaire, "*il est interdit de les frapper uniquement pour des fins agréables ou de torture*" et il est interdit de frapper au visage. Peut-être pour préserver la marchandise...

La possibilité que les femmes fuient leurs "propriétaires" est évoquée. "*C'est l'un des péchés les plus graves*", dit le petit guide, notant que si le Coran n'établit pas une punition spécifique, "*elles doivent être punies pour dissuader les autres de s'échapper*". Certaines jeunes femmes ont réussi à échapper à l'emprise de leurs ravisseurs. Le récit de leur captivité permet de vraiment prendre conscience de cette épouvantable réalité.

Les questions d'héritage sont également prévues. Daech va jusqu'à réglementer la succession "mortis causa". "*Si un homme meurt, ses prisonnières sont distribuées selon les droits de succession*". Précision importante: "*si le parent ou les enfants du défunt avaient des relations sexuelles avec elle, l'héritier ne pourra l'utiliser que comme servante*".

La liste de prix

Plus elles sont jeunes, plus elles valent cher. Une représentante des Nations unies a déclaré avoir eu en main une liste de tarifs pour des esclaves sexuelles, éditée par les djihadistes de Daesh.

«*Les filles sont échangées comme des barils de pétrole*», a déclaré Zainab Bangura. « *Une fille peut être vendue et achetée par cinq ou six hommes différents. Parfois les combattants revendent les filles à leurs familles en échange de rançons de plusieurs milliers de dollars.* » En moyenne, des enfants, filles ou garçons, âgés de 1 à 9 ans valent 150 euros. Les adolescentes valent, elles, environ 110 euros. Les femmes dépassant les 20 ans ne valent plus autant.

Les leaders des groupes armés ont la priorité pour choisir l'esclave de leur choix. Ensuite, les personnes aisées de la région peuvent faire des enchères. Après ces deux étapes, les esclaves restant sont proposés aux combattants de base aux prix indiqués. La liste de prix a été vérifiée par les Nations unies comme provenant bien du groupe djihadiste.

Les prix: une femme ou de l'argent

Le groupe jihadiste a lancé un concours de mémorisation du Coran, dont les principaux gagnants se verront récompensés par des esclaves sexuelles. Des femmes réduites à la condition d'esclaves sexuelles pour les jihadistes dans la province syrienne d'Al-Baraka, seront donc utilisées comme des prix.

Généralement originaires de la communauté yézidie, persécutée par Daesh, ces femmes forcées d'assouvir les besoins sexuels des combattants ont été capturées en Irak. Ainsi, selon l'Observatoire syrien des droits de l'homme, 300 Yézidies ont été enlevées en 2014 et vendues aux membres de Daesh.

Pour remporter le concours, les participants doivent retenir les chapitres les plus violents du Coran, spécialement sélectionnés pour cette occasion. La remise des "récompenses" est prévue pour le premier jour de la fête de l'Aïd-el-Fitr, qui marque la fin du ramadan, et qui est prévue aux alentours du 18 juillet. Les trois premiers gagnants se verront remettre une esclave sexuelle chacun, tandis que les participants classés de la quatrième à la dixième place recevront de l'argent. Le quatrième touchera ainsi 100.000 livres syriennes, soit environ 413 euros.

Jinan

Le groupe État islamique (Daesh) gère en Irak des "marchés aux esclaves" où des femmes issues de groupes minoritaires, comme les yazidis ou les chrétiens, sont vendues pour servir d'esclaves sexuelles. Dans un livre la jeune yazidie Jinan, dix-huit ans, raconte comment, lors de ses trois mois de détention en Irak fin 2014 aux mains de membres de Daesh, elle a été victime de cette forme de traite, avant, une nuit, de parvenir à s'enfuir en volant des clefs.

Après plusieurs lieux de détention, dont une prison à Mossoul, Jinan est achetée par deux hommes, un ancien policier et un imam, qui l'enferment, avec d'autres prisonnières yazidies, dans une maison. "*Ils nous torturaient, voulaient nous convertir de force*", décrit-elle lors d'un passage à Paris pour la sortie de son livre.

"*Si nous refusions, nous étions frappées, enchaînées dehors en plein soleil, forcées à boire de l'eau dans laquelle baignaient des souris mortes. Parfois, ils nous menaçaient de nous torturer à l'électricité, dit-elle. Ces hommes, ce ne sont pas des humains. Ils ne pensent qu'à la mort, à tuer. Ils prennent sans arrêt des drogues. Ils veulent se venger de tout le monde. Ils affirment qu'un jour leur État islamique régnera sur le monde entier.*"

À Mossoul, Jinan est conduite "*dans un immense salon de réception à colonnades*". "*Des dizaines de femmes y sont rassemblées. Des combattants circulent parmi nous. Ils plaisantent d'un rire gras, pincent les fesses. L'un d'eux fait la moue. Elle a de gros nichons, celle-là. Mais je veux une yazidie aux yeux bleus. Avec un teint pâle. Ce sont les meilleures, à ce qu'il paraît. Je suis prêt à mettre le prix qu'il faudra.*"

Échange pistolet contre brunette

La jeune fille se souvient d'avoir vu des Irakiens, des Syriens mais aussi des étrangers occidentaux dont elle n'a pu déterminer la nationalité lors de ces marchés aux esclaves. Les plus jolies filles sont réservées aux chefs ou aux clients du Golfe, qui peuvent mettre le prix. Dans la maison où elle est retenue, "*la journée est rythmée par les visites. Des combattants viennent faire leurs emplettes dans le salon de réception. Des marchands jouent les intermédiaires, des émirs inspectent le cheptel avec l'assurance de propriétaires comblés mais attentifs*". "*Je t'échange ton pistolet Beretta contre la brunette*", lance l'un d'eux. "*Si tu préfères payer en cash, c'est 150 dollars. Tu peux aussi sortir des dinars irakiens.*"

Persuadés qu'elle ne comprend pas l'arabe, ses deux "maîtres" parlent librement devant elle, dit-elle. Un soir, elle surprend cette conversation : "*Un homme ne peut pas acquérir plus de trois femmes, sauf s'il est de Syrie, de Turquie ou d'un pays du Golfe*", regrette celui qui se fait appeler Abou Omar. "*C'est pour favoriser le business*", répond Abou Anas. *Un acheteur saoudien a des frais de transport et de nourriture qu'un membre de l'État islamique n'a pas. Il a un quota plus élevé pour rentabiliser ses achats. C'est un bon deal : la maison des finances de l'État islamique augmente ses revenus pour soutenir les moudjahidines, et nos frères étrangers trouvent leur épanouissement.*"

Accompagnée à Paris par son mari, qu'elle a retrouvé après son évasion, Jinan vit aujourd'hui dans un camp de réfugiés yazidis au Kurdistan irakien. "*Si nous revenons chez nous, il y aura d'autres génocides contre nous, soupire-t-elle. La seule solution serait que nous ayons une région à nous, sous protection internationale.*"

Exécutées par Daesh

Dix-neuf jeunes filles qui ne voulaient pas se soumettre et devenir esclaves sexuelles ont été exécutées par Daesh, pour qui le commerce de ces femmes est devenu un business fréquent.

Les membres de l'organisation terroriste Daesh ont exécuté 19 jeunes filles qui avaient refusé d'avoir des relations sexuelles avec les combattants, a révélé un porte-parole du Parti démocratique kurde à Mossoul. Selon lui, les jeunes femmes étaient retenues comme otages depuis plus d'un an dans la ville de Mossoul, en Irak, le fief de l'État islamique

Selon le fonctionnaire cette exécution fait suite au refus de ces jeunes filles de pratiquer ce que les terroristes de Daesh nomment le «djihad sexuel». Les enlèvements de femmes, souvent très jeunes, sont très fréquents depuis que Daesh a pris le pouvoir dans cette région. Les principales cibles des djihadistes sont les femmes Yazidis, qui sont considérées comme des hérétiques.

Au total, plus de 3 000 femmes et filles appartenant à la minorité kurdophone yazidie sont devenues prisonnières au cours de l'offensive des combattants à travers toute la région. En octobre dernier, le groupe terroriste est allé jusqu'à publier une brochure expliquant à ses membres à quel prix devaient être vendues, ou achetées, les jeunes filles capturées.

La vengeance

Une Irakienne, ancienne esclave sexuelle capturée par l'autoproclamé Etat islamique, souhaitait se venger. Pour se faire, elle est parvenue à mettre à mort Abus Anas, qui n'est autre que l'un des commandant supérieur de Daesh. C'est la chaîne Alsumaria News qui a, la première, annoncé la nouvelle.

Selon Saeed Mamouzini, porte-parole du Parti démocrate du Kurdistan, Abus Anas, commandant supérieur au sein de l'autoproclamé Etat islamique, a été tué en Irak samedi 5 septembre.

Sa mort n'a pas été causée par un drone ou par un combat. C'est une femme irakienne, se réclamant de la minorité yézidie, qui est à l'origine du trépas du haut responsable du groupe terroriste. Capturée puis violée par Daesh, la jeune irakienne souhaitait se venger.

Pour les djihadistes, mourir de la main d'une femme représente la pire façon possible de perdre la vie. Les fanatiques sont en effet persuadés que cette mort les mènera droit en enfer.

Deux raisons

A en croire les Nation Unies, Daesh voit dans les esclaves sexuelles deux utilisations. Non seulement le groupe terroriste use d'elles pour attirer des combattants mais aussi comme moyen de terroriser les populations. Selon l'agence de presse ABNA, plusieurs femmes « non irakienne » ont été transportées dans Mossoul (Irak) par Daesh afin d'agrandir les rangs de ses esclaves sexuelles. Une opération ordonnée par le leader du mouvement, Abou Bakr al-Baghdadi.

Selon le New York Times, une fille de 12 a elle aussi été abusée physiquement par Daesh. Son bourreau lui répétait « qu'il était autorisé à le faire en accord avec l'Islam. Il a aussi répété qu'il me rapprochait de Dieu en me violant ».

Yézidis dans les camps

L'Etat Islamique a pris plusieurs milliers de civils yézidis en garde à vue dans la province de Ninive dans le nord de l'Irak en août 2014, selon des responsables du Kurdistan et les dirigeants communautaires. Des témoins ont déclaré que les combattants ont systématiquement séparés des jeunes femmes et des adolescentes de leurs familles et d'autres captifs d'un endroit à un autre à l'intérieur de l'Irak et la Syrie.

Les Yézidis vivent dans la province de Ninive de l'Irak sur des terres revendiquées à la fois par le gouvernement régional du Kurdistan et le gouvernement central irakien. Ils pratiquent une ancienne religion monothéiste, et les Yézidis disent qu'ils ont été persécutés pendant des centaines d'années parce que beaucoup les considèrent comme «hérétiques».

Les attaques violentes contre les Yézidis par des extrémistes arabes sunnites ont dégénéré après l'invasion américaine de l'Irak en 2003. Le 14 Août 2007, quatre attentats au camion piégé simultanés ont tué plus de 300 Yézidis et blessé plus de 700 dans les communautés du district de Sinjar. Certains militants yézidis sont également confrontés à l'intimidation et les menaces des forces gouvernementales du Kurdistan.

Les autorités du Kurdistan considèrent les Yézidis d'être Kurdes et, par conséquent, les terres yézidis font partie de la région du Kurdistan irakien. Des milliers de familles yézidis ont fui vers la Syrie, en Jordanie et ailleurs. Depuis 2003, mais avant la dernière attaque par EI, leurs numéros en Irak avaient chuté d'environ 700.000 à 500.000. Il y a probablement moins maintenant.

Personne ne sait combien de Yézidis ont été tués par EI. Très peu d'informations sort des zones contrôlées par EI. Chaque famille a été touchée, a eu un mari ou d'un fils tué, une fille enlevée, ou a dû fuir.

Le camp principal, Khanke, près de Dohouk, abrite plus de 18.000 Yézidis, principalement autour de la ville de Sinjar, à environ deux heures et une demi-heure de route. Les Yézidis vivent dans une mer virtuelle de tentes et à proximité des bâtiments inachevés, qui manquent de portes et de la chaleur, perchés sur les collines balayées par le vent. Les vues depuis les sommets sont superbes sur une journée ensoleillée, mais il y a peu pour protéger les gens là du froid.

La plupart des filles ont dit qu'ils ont été transférés d'un endroit à un autre, finalement, pour vivre dans de grandes maisons ou des salles avec entre 5 et 60 autres filles. Au cours de la journée, les combattants du Darsh viendrait, ramasser une fille à prendre, et si elle refusait, elle serait giflé ou battus.

La virginité est un énorme problème dans la région. Il y a un stigmate attaché aux femmes enlevées, car elles auraient subi des violences sexuelles de la part des combattants du Daesh. Dans les conflits à travers le monde, les communautés se vengent contre les femmes qui sont victimes de violence sexuelle.

Une jeune fille a été enlevée à 15 ans, et après avoir été déplacé d'un endroit à elle a vécu dans une maison avec d'autres filles qui ont été mariées de force hors tension ou vendus un par un. Elle et un ami tenté de se suicider ensemble, mais un membre ISIS les a pris et les a arrêtés. Lorsque son ami a été choisi pour être pris par un membre ISIS, la jeune fille a supplié les hommes de la prendre trop, afin qu'elle puisse rester avec son amie. Ils sont convenus et ont pris les deux filles dans une autre maison. Là, deux autres hommes leur ont dit, "Vous êtes vendus pour nous." Ils ont battu alors et les ont violées pendant cinq jours jusqu'à ce qu'ils se sont échappés, franchissant la porte tandis que les hommes étaient partis battent.

Quand elle est arrivée au camp, elle ressemblait à un fantôme. Elle a été réunie avec ses parents, qui ont été traumatisés après leur seul fils, le frère de Noor, a été exécuté en face d'eux. Mais Noor avait le soutien de ses parents. Elle a dit qu'elle avait été à l'hôpital à quelques reprises, reçoit régulièrement des conseils, et qui prend un cours de couture. Son amie qu'elle a échappé à durée de vie dans un camp séparé, et son père l'a emmenée là pour visiter. Parfois, des militants d'ONG

Les camps yézidis sont dans le Kurdistan irakien, et ils sont protégés par les forces du Kurdistan. Les responsables locaux du Kurdistan ont essayé pour aider à obtenir femmes et des filles traitement et pour aider ceux qui ont échappé à rentrer chez eux en toute sécurité. Ils veulent l'aide d'experts dans le traitement des cas de viol et de traumatisme, et ils ont besoin d'aide d'experts et de la formation, en particulier dans la psychothérapie. Ils veulent savoir comment aider.

En Octobre 2014, ISIS a reconnu dans sa publication Dabiq que ses combattants avaient donné aux femmes et aux filles yézidis capturés à ses combattants comme «butin de guerre». ISIS a cherché à justifier la violence sexuelle affirmant que l'Islam permet le sexe avec des non-musulmans "esclaves" y compris les filles, ainsi que les coups et de les vendre. Les déclarations sont une preuve supplémentaire d'une pratique généralisée et un plan d'action systématique par ISIS.

En 2014, le gouvernement régional du Kurdistan (KRG) a absorbé plus de 637.000 personnes déplacées de la province de Ninive seul, et a fait des efforts importants pour fournir des services de santé et d'autres aux femmes et aux filles qui ont échappé ISIS yézidis. Cependant, il y a eu des failles et des lacunes dans les soins de santé.

Depuis les attaques ISIS dans et autour de Sinjar ont commencé le 3 Août 2014, plus de 736.000 Irakiens, principalement les Yézidis et les autres minorités religieuses, ont fui leurs foyers dans la province de Ninive, la plupart dans la région semi-autonome du Kurdistan irakien, selon l'Organisation internationale pour les Migration. ISIS combattants exécutés centaines de civils yézidis mâles et ensuite enlevé leurs parents, l'Organisation des Nations Unies et les organisations locales et internationales des droits humains signalés.

Bien que plusieurs centaines de Yézidis ont échappé depuis, selon les responsables de l'ARK, beaucoup sont encore en captivité dans diverses parties de l'Irak et la Syrie. Enlevées échappé dit ISIS tient Yézidis dans plusieurs endroits à travers le nord de l'Irak, y compris Mossoul, Tal Afar, Tal Banat, Ba'aj, Rambusi et Sinjar, et dans les zones qu'il contrôle dans l'est de la Syrie, y compris Raqqa et Rabia. Ils ont dit que ISIS tient captives, y compris les filles, dans les maisons, hôtels, usines, bâtiments de ferme, les écoles, les prisons, les bases militaires et les anciens bureaux du gouvernement.

Les jeunes femmes et les filles ont dit que les combattants ISIS abord les séparées des hommes et les garçons et les femmes âgées. Les combattants ont déplacé les femmes et les filles à plusieurs reprises d'une manière organisée et méthodique à divers endroits en Irak et en Syrie. Alors que la plupart des combattants ISIS semblait être syrienne ou irakienne, survivants ont dit que certains de leurs agresseurs leur ont dit qu'ils sont venus d'autres pays du Moyen-Orient et Afrique du Nord, y compris en provenance de Libye, l'Algérie, l'Arabie saoudite et dans les Territoires palestiniens occupés, ainsi que de l'Europe et l'Asie centrale.

Le nombre précis de Yézidis en captivité est toujours inconnu en raison de la poursuite des combats en Irak et la Syrie et parce que nombre significatif de Yézidis ont fui vers les zones à travers l'Irak et les pays voisins où ISIS attaqué. Le 13 Mars, 2015, le Bureau du Haut Commissariat des Nations Unies aux droits de l'homme a déclaré dans son rapport que près de 3000 personnes, principalement des Yézidis, prétendument restent dans ISIS captivité. Les responsables locaux, prestataires de services, et des activistes communautaires estiment que le nombre de Yézidis encore détenus est beaucoup plus élevé.

En Septembre 2014, un groupe yézide a fourni une base de données avec 3133 noms et l'âge des Yézidis ils ont dit ISIS avait enlevés ou tués, ou qui avaient été portés disparus depuis les agressions ISIS de début Août. La base de données a été basée sur des entretiens avec les Yézidis déplacées dans le Kurdistan irakien. Le groupe a déclaré que de la fin de Mars 2015, le nombre de morts, enlevés et disparus Yézidis était passé à 5324.

Les femmes et les filles qui ont parlé à Human Rights Watch ont décrit répétées viol, la violence sexuelle et d'autres abus dans ISIS captivité. Jalila (les noms de tous les survivants ont été modifiées pour leur sécurité), 12 ans, a déclaré que les hommes arabes dont elle a reconnu de son village au nord de Sinjar elle et sept membres de la famille ont accosté le 3 Août 2014, alors qu'ils tentaient de fuir ISIS. Les hommes ont remis la famille au cours de combattants Isis, qui séparaient Jalila, sa sœur, belle-sœur, et son neveu infantile des autres membres de la famille et les ont emmenés à Tal Afar. Plus tard, les combattants ont pris Jalila et sa sœur à Mossoul.

Dilara, 20, dit combattants ISIS l'ont emmenée à une salle de mariage en Syrie, où elle a vu environ 60 autres femmes captives yézidis. Combattants ISIS dit le groupe à "oublier vos parents, à partir de maintenant, vous nous marier, garder nos enfants, Dieu vous convertir à l'islam et vous prier." Elle a dit à Human Rights Watch qu'elle a vécu dans la peur constante qu'elle serait traîné loin comme tant de femmes et filles avant elle:

De 9h30 du matin, les hommes seraient venus pour acheter des filles pour les violer. Je l'ai vu devant mes yeux ISIS soldats tirer les cheveux, battre les filles, et claquent les têtes de ceux qui résistaient. Ils étaient comme des animaux .... Une fois qu'ils ont pris les filles, ils les violer et de les ramener à l'échange de nouvelles filles. L'âge des filles allaient de 8 à 30 ans ... seulement 20 filles restaient à la fin.

Deux soeurs, Rana, 25 ans, et Sara, 21 ans, ont dit qu'ils ne pouvaient rien faire pour arrêter l'abus de leur 16-year-old soeur par quatre hommes sur plusieurs mois. La sœur a été autorisé à leur rendre visite et leur a dit que le premier homme qui l'a violée, qu'elle décrit comme un Européen, également battue, lui ont menotté, lui a donné des chocs électriques, et a nié sa nourriture. Elle leur a dit plus tard, un autre combattant a violée pendant un mois, puis lui a donné à un Algérien pour un autre mois. La dernière fois qu'ils l'ont vue était quand un combattant Arabie ISIS a emmenée. "Nous ne savons rien à son sujet depuis», a déclaré Sara. Les deux sœurs ont dit qu'ils ont également été violées à plusieurs reprises par les deux hommes, l'un d'eux a dit qu'il était en provenance de Russie et l'autre en provenance du Kazakhstan.

Certaines femmes et filles ont déclaré à Human Rights Watch que les combattants ISIS les battre si elles résistaient ou les défiait en aucune façon. Zara, 13, a déclaré que les combattants ISIS elle et deux autres filles de la profanation d'un Coran tout en maintenant les filles captives dans une ferme accusés. "Ils punis les trois de nous en nous emmenant au jardin et à lier les mains avec du fil," dit-elle. "Nous avions les yeux bandés et ils ont dit qu'ils allaient nous tuer si nous ne disons pas qui avait fait cela. Ils nous ont battus pendant 10 minutes et ils ont tiré une balle

Leila, 25 ans, a réussi à s'échapper de la maison où elle a été tenue en captivité, mais parce qu'elle était derrière les lignes ISIS, elle a réalisé qu'elle a été piégée et senti obligé de revenir. Le commandant, un Irakien, lui a demandé pourquoi elle avait essayé de s'échapper. Elle a dit qu'elle a répondu: «Parce que ce que vous faites pour nous est haram [interdit] et anti-islamique." Il l'a battue avec un câble et également puni le gardien qui avait réussi à empêcher sa tentative d'évasion. Le gardien l'a battue aussi. "Depuis lors, mon état mental est devenue très mauvaise et je l'ai eu des évanouissements," dit-elle.

Kayla Mueller

Kayla Mueller, le travailleur humanitaire américain tué cette année tout en étant pris en otage par des militants d'état islamique, a été violée à plusieurs reprises par le chef du groupe, Abou Bakr al-Baghdadi, en captivité en Syrie, selon des responsables américains.

Ses parents, Carl et Marsha Mueller, ont été informés par des représentants du gouvernement des États-Unis que leur fille avait été violée par al-Baghdadi et torturé pendant sa captivité, a dit le porte-parole de la famille Emily Lenzner. Mueller avait 26 ans au moment de sa mort.

L'État Islamique a déclaré - en février - que Mueller a été tué lorsque des avions de chasse ont bombardé un bâtiment jordanien où elle se tenait à l'extérieur de Raqqa, un bastion du groupe militant islamiste en Syrie. Des responsables jordaniens et américains ont exprimé des doutes sur le compte de l'État islamique de sa mort après 18 mois.

Mueller a été capturée en août 2013, tout en laissant un hôpital à Alep dans le nord de la Syrie. Les informations sur les actions d' Al-Baghdadi sont venu de nombreuses sources, dont des entrevues américains avec au moins deux filles yézidis adolescentes détenues comme esclaves sexuelles dans l'enceinte de Sayyaf et l'interrogatoire de la femme de Sayyaf, Umm Sayyaf, qui a été capturée par les forces américaines dans le raid dans lequel son mari a été tué.

Mueller est allé à Turquie en Décembre 2012 pour travailler pour une organisation turque qui fournit une aide humanitaire aux réfugiés syriens le long de la frontière syrienne. L' État islamique a décapité de nombreux otages, dont trois Américains.

La porte-parole du Conseil de Sécurité Nationale Bernadette Meehan dit que la famille a reçu "*un message privé à partir des ravisseurs de Kayla contenant des informations supplémentaires.*" L'information a été revue par la suite par la CIA.

Alors que le gouvernement n'a pas officiellement commenté sur la forme la famille a reçu des informations, des responsables gouvernementaux anonymes disent une photographie de Mueller a été examiné, dans lequel le visage et les épaules sont visibles. L'EI a d'abord prétendu que Mueller était morte à la suite d'un raid aérien jordanien. L'organisation terroriste a distribué des photos d'un bâtiment. Sur les photos, le bâtiment est dans les décombres, cependant, la photographie de Mueller aurait vu par des représentants du gouvernement n'a pas l'image toute décombres. La cause de sa mort reste inconnue.

Mueller a passé plus d'un an en captivité; elle a été capturée à Alep, en Syrie en 2013. Pendant ce temps, sa famille a reçu une vidéo d'elle, filmé par ses ravisseurs, comme preuve de la vie. Ils ont également reçu une lettre, rendue publique après l'annonce de sa mort.

Elle demande à la famille de ne pas négocier en son nom, "*Si il n'y a pas d'autre option, même si cela prend plus de temps,*" elle écrit. Mueller exhorte également sa famille à contacter "*ces femmes*" et "*leur demander leur avis,*" leurs noms ont été expurgés. Basé sur le contexte de la lettre, ils ont peut-être été compagnons de captivité.

Dans le message, elle offre un rare aperçu de la vie comme une femme captive. Elle a dit qu'elle n'a pas été maltraité et avait "*mis sur le poids , en fait . *" Dans une interview, Didier François , un journaliste français qui a été pris en otage par EI dans le même bâtiment que Mueller, dit que les femmes ont eu un peu plus de place pour bouger. Cependant, « *être une femme ne rend pas plus facile*", a t-il dit.

Everyone, If you are receiving this letter it means I am still detained but my cell mates (starting from 11/2/2014) have been released. I have asked them to contact you + send you this letter. It's hard to know what to say. Please know that I am in a safe location, completely unharmed + healthy (put on weight in fact); I have been treated w/ the utmost respect + kindness. I wanted to write you all a well thought out letter (but I didn't know if my cell mates would be leaving in the coming days or the coming months restricting my time but primarily) I could only but write the letter a paragraph at a time, just the thought of you all sends me into a fit of tears. If you could say I have "suffered" at all throughout this whole experience it is only in knowing how much suffering I have put you all through; I will never ask you to forgive me as I do not deserve forgiveness. I remember mom always telling me that all in all in the end the only one you really have is God. I have come to a place in experience where, in every sense of the word, I have surrendered myself to our creator b/c literally there was no else…. + by God + by your prayers I have felt tenderly cradled in freefall. I have been shown in darkness, light + have learned that even in prison, one can be free. I am grateful. I have come to see that there is good in every situation, sometimes we just have to look for it. I pray each each day that if nothing else, you have felt a certain closeness + surrender to God as well + have formed a bond of love + support amongst one another… I miss you all as if it has been a decade of forced separation. I have had many a long hour to think, to think of all the things I will do w/ Lex, our first family camping trip, the first meeting @ the airport. I have had many hours to think how only in your absence have I finally @ 25 years old come to realize your place in my life. The gift that is each one of you + the person I could + could not be if you were not a part of my life, my family, my support. I DO NOT want the negotiations for my release to be your duty, if there is any other option take it, even if it takes more time. This should never have become your burden. I have asked these women to support you; please seek their advice. If you have not done so already, [REDACTED] can contact [REDACTED] who may have a certain level of experience with these people. None of us could have known it would be this long but know I am also fighting from my side in the ways I am able + I have a lot of fight left inside of me. I am not breaking down + I will not give in no matter how long it takes. I wrote a song some months ago that says, "The part of me that pains the most also gets me out of bed, w/out your hope there would be nothing left…" aka-The thought of your pain is the source of my own, simultaneously the hope of our reunion is the source of my strength. Please be patient, give your pain to God. I know you would want me to remain strong. That is exactly what I am doing. Do not fear for me, continue to pray as will I + by God's will we will be together soon.

All my everything,

Kayla